maktab - училище	2
sayohat - пътуване	5
transport - транспорт	8
shahar - град	10
manzara - пейзаж	14
restoran - ресторант	17
supermarket - супермаркет	20
ichimliklar - напитки	22
taom - ядене	23
chorvachilik xo'jaligi - селски двор	27
uy - къща	31
mehmonxona - всекидневна	33
oshxona - кухня	35
vannaxona - баня	38
bolalar xonasi - детска стая	42
kiyim - облекло	44
idora - офис	49
iqtisod - икономика	51
kasblar - професии	53
asboblar - инструменти	56
musiqa asboblari - музикални инструменти	57
hayvonot bog'i - зоологическа градина	59
sport o'yinlari - спорт	62
mashg'ulot - дейности	63
oila - семейство	67
tana - тяло	68
shifoxona - болница	72
tez yordam - спешен случай	76
yer - Земя	77
soat - часовник	79
xafta - седмица	80
yil - година	81
shakllar - форми	83
ranglar - цветове	84
qarama-qarshi ma'noli so'zlar - противоположности	85
raqamlar - числа	88
tillar - езици	90
kim / nima / qanday - кой / какво / как	91
qayerda - къде	92

Impressum
Verlag: BABADADA GmbH, Nedderfeld 112 , 22529 Hamburg
Geschäftsführer / Verlagsleitung: Harald Hof
Druck: Books on Demand GmbH, In de Tarpen 42, 22848 Norderstedt

Imprint
Publisher: BABADADA GmbH, Nedderfeld 112 , 22529 Hamburg, Germany
Managing Director / Publishing direction: Harald Hof
Print: Books on Demand GmbH, In de Tarpen 42, 22848 Norderstedt, Germany

maktab
училище

bo'lmoq деление

doska черна дъска

sinf класна стая

maktab hovlisi училищен двор

o'qituvchi учител

qog'oz хартия

ruchka химикал

ish stoli бюро

lineyka линеал

kitob книга

yozmoq пиша

o'quvchi ученик

osma sumka
ученическа раница

qalamdon
ученически несесер

qalam
молив

qalam uchlagich
острилка за моливи

o'chirgich
гума

rasm albomi
блок за рисуване

chizmachilik
рисунка

bo'yoq cho'tka
четка

bo'yoqdon
акварелни бои

qaychi
ножица

yelim
лепило

mashg'ulot daftari
тетрадка за упражнения

uy ishi
домашна работа

raqam
число

qo'shmoq
събиране

ayirmoq
изваждане

ko'paytirmoq
умножение

sanamoq
смятане

xat
буква

alifbo
азбука

so'z boyligi
дума

maktab - училище

matn
текст

oʻqimoq
чета

boʻr
тебешир

dars
час

jurnal
дневник на класа

imtihon
изпит

guvohnoma
свидетелство

maktab formasi
ученическа униформа

taʼlim
образование

qomus
справочник

oliygoh
университет

mikroskop
микроскоп

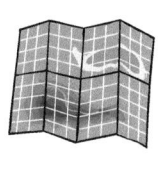

xarita
карта

urna
кошче за хартиени отпадъци

maktab - училище

sayohat

пътуване

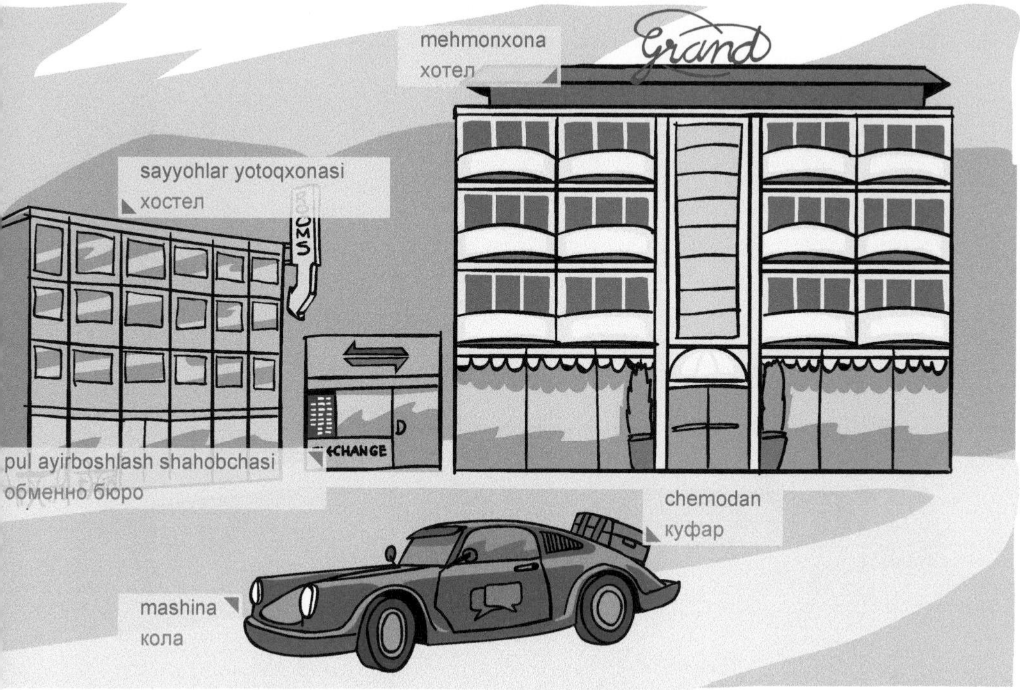

mehmonxona
хотел
Grand
sayyohlar yotoqxonasi
хостел
ROOMS
pul ayirboshlash shahobchasi
обменно бюро
chemodan
куфар
mashina
кола

til

език

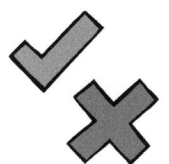

ha / yo‘q

да / не

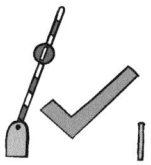

Xo‘p

Окей

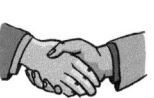

salom

здравей

tarjimon

преводач

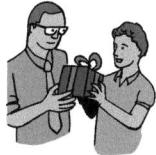

Raxmat

Благодаря

necha pul...?
Колко струва...?

Tushunmadim
Не разбирам

muammo
проблем

Xayrli kech!
Добър вечер!

Xayrli tong!
Добро утро!

Xayrli tun!
Лека нощ!

ko'rishguncha
довиждане

yo'nalish
посока

yo'lovchi yuki
багаж

safarxalta
пътна чанта

yuk xalta
раница

mehmon
посетител

xona
стая

uyquqop
спален чувал

palatka
палатка

sayohat - пътуване

sayohlarga ma'lumot berish stoli
туристическа информация

plyaj
плаж

omonat karta
кредитна карта

nonushta
закуска

nonushta
обед

kechki ovqat
вечеря

chipta
билет

lift
асансьор

marka
пощенска марка

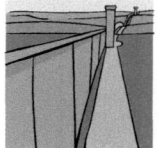

chegara
граница

bojxona
митница

elchixona
посолство

viza
виза

pasport
паспорт

sayohat - пътуване

transport
транспорт

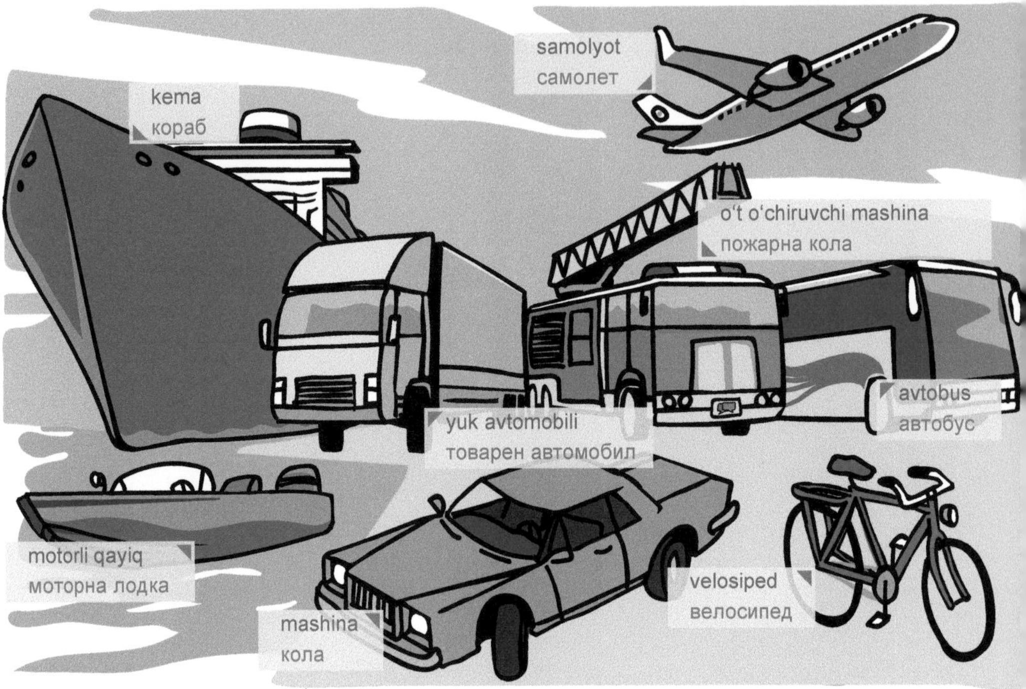

solsimon yassi kema

ферибот

qayiq

лодка

mototsikl

мотоциклет

posbon mashinasi

полицейска кола

poyga mashinasi

състезателна кола

kiraga olingan avtoulov

кола под наем

avtoijara
каршеринг

shatakka oluvchi yuk avtomobili
автомобил от "Пътна помощ"

axlat mashinasi
сметовоз

motor
двигател

yoqilg'i
бензин

yoqilg'i quyish shahobchasi
бензиностанция

yo'l belgisi
пътен знак

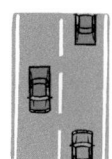
yo'l harakati
улично движение

tirband
задръстване

avtomobil to'xtab turish joyi
паркинг

poyezd bekati
гара

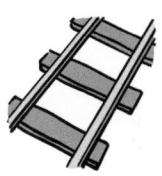
rels
релси

poyezd
влак

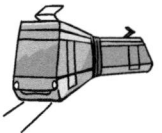
tramvay
трамвай

vagon
вагон

transport - транспорт

vertolyot

хеликоптер

aeroport

аерогара

minora

кула

yo'lovchi

пасажер

konteyner

контейнер

qog'oz quti

кашон

aravacha

ръчна количка

savat

кошница

uchmoq / qo'nmoq

излитам / приземявам се

shahar
град

qishloq

село

shahar markazi

градски център

uy

къща

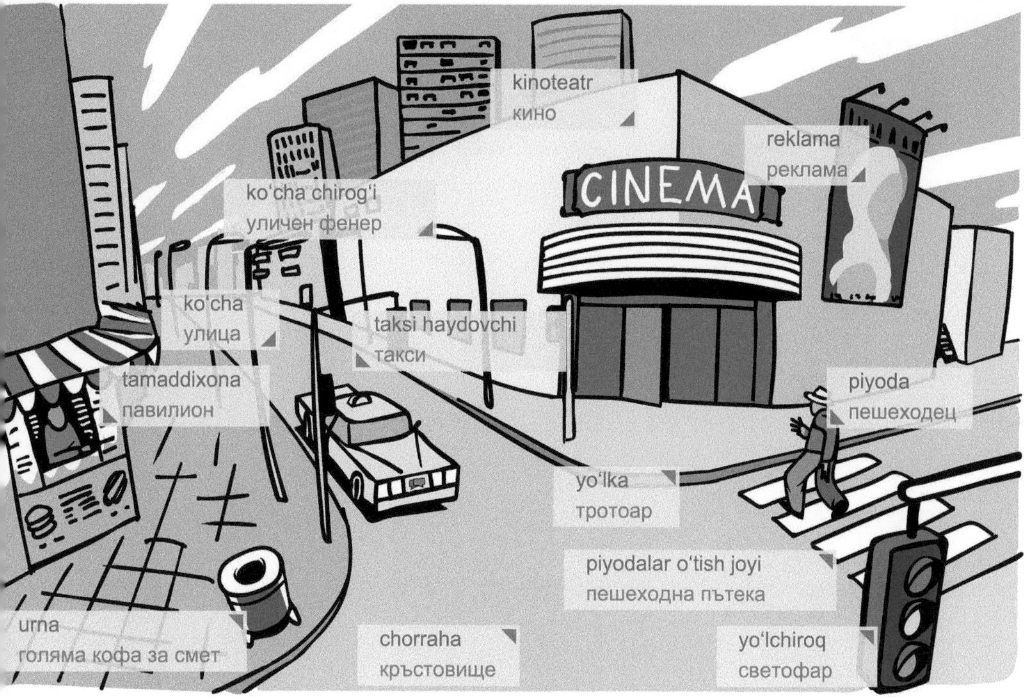

kinoteatr
кино

reklama
реклама

ko'cha chirog'i
уличен фенер

ko'cha
улица

taksi haydovchi
такси

tamaddixona
павилион

piyoda
пешеходец

yo'lka
тротоар

piyodalar o'tish joyi
пешеходна пътека

urna
голяма кофа за смет

chorraha
кръстовище

yo'lchiroq
светофар

kulba
хижа

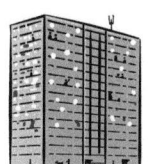

kvartira
жилище

poyezd bekati
гара

mahalliy hokimiyat binosi
кметство

muzey
музей

maktab
училище

shahar - град

oliygoh
университет

bank
банка

shifoxona
болница

mehmonxona
хотел

dorixona
аптека

idora
офис

kitob do'koni
книжарница

do'kon
магазин за цветя

gul do'koni
магазин за цветя

supermarket
супермаркет

bozor
пазар

univermag
универсален магазин

baliq do'koni
търговец на риба

savdo markazi
търговски център

bandargoh
пристанище

shahar - град

istirohat bogʻi

парк

bank

пейка

koʻprik

мост

zinapoya

стълба

metro

метро

yer osti yoʻli

тунел

avtobus bekati

автобусна спирка

bar

бар

restoran

ресторант

pochta qutisi

пощенска кутия

koʻcha yozuv osma taxtasi

улична табелка

toʻxtab turish vaqtini hisoblagach

часовник за паркинг престой

hayvonot bogʻi

зоологическа градина

basseyn

плувен басейн

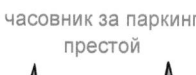

masjid

джамия

shahar - град

13

chorvachilik xoʻjaligi
селски двор

atrof-muhit ifloslanishi
замърсяване на околната среда

qabriston
гробище

ibodatxona
църква

bolalar oʻyingohi
детска площадка

ehrom
храм

manzara
пейзаж

yaproq — листо
yoʻlkoʻrsatgich — пътепоказател
yoʻl — път
oʻtloq — ливада
tosh — камък
daraxt — дърво
sayyoh — пътешественик
daryo — река
maysa — трева
gul — цвете

manzara - пейзаж

vodiy
долина

qir
планина

ko'l
море

o'rmon
гора

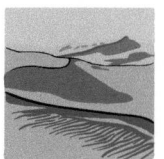

cho'l
пустиня

vulkan
вулкан

qal'a
замък

kamalak
дъга

qo'ziqorin
гъба

palma daraxti
палма

pashsha
комар

chivin
муха

chumoli
мравка

asalari
пчела

o'rgimchak
паяк

manzara - пейзаж

qo'ng'iz
бръмбар

qurbaqa
жаба

olmaxon
катеричка

tipratikon
таралеж

quyon
заек

ukki
кукумявка

qush
птица

oqqush
лебед

erkak cho'chqa
диво прасе

bug'u
елен

butoq shohli kiyik
лос

to'g'on
бент

shamol generatori
вятърна турбина

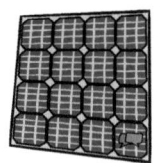

quyosh batareyasi
соларен модул

iqlim
климат

manzara - пейзаж

restoran
ресторант

- ofitsiant / келнер
- taomnoma / меню
- stul / стол
- sho'rva / супа
- pitstsa / пица
- oshxona anjomlari / прибори за хранене
- dasturxon / покривка за маса

gazak
предястие

asosiy taom
основно ястие

desert
десерт

ichimliklar
напитки

taom
ядене

butilka
бутилка

tez pishar taom

бързо хранене

ko'cha taomi

улична храна

choynak

кана за чай

shakardon

кутия за захар

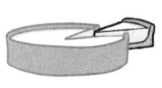

portsiya

порция

espresso kofe mashinasi

еспресо машина

bolalar kursichasi

висок детски стол

hisob

сметка

lagan

табла

pichoq

ножица за нокти

sanchqi

вилица

qoshiq

лъжица

choy qoshiq

чаена лъжичка

qo'l sochiq

салфетка

stakan

стъклена чаша

restoran - ресторант

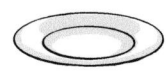
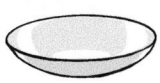

likop
чиния

sho'rva kosa
чиния за супа

taqsimcha
чинийка

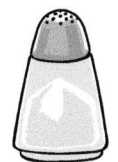

qayla
сос

tuzdon
солница

qalampir yanchgich
мелничка за черен пипер

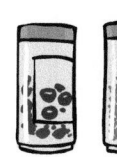

sirka
оцет

yog'
олио

ziravorlar
подправки

ketchup
кетчуп

xantal
горчица

mayonez
майонеза

supermarket
супермаркет

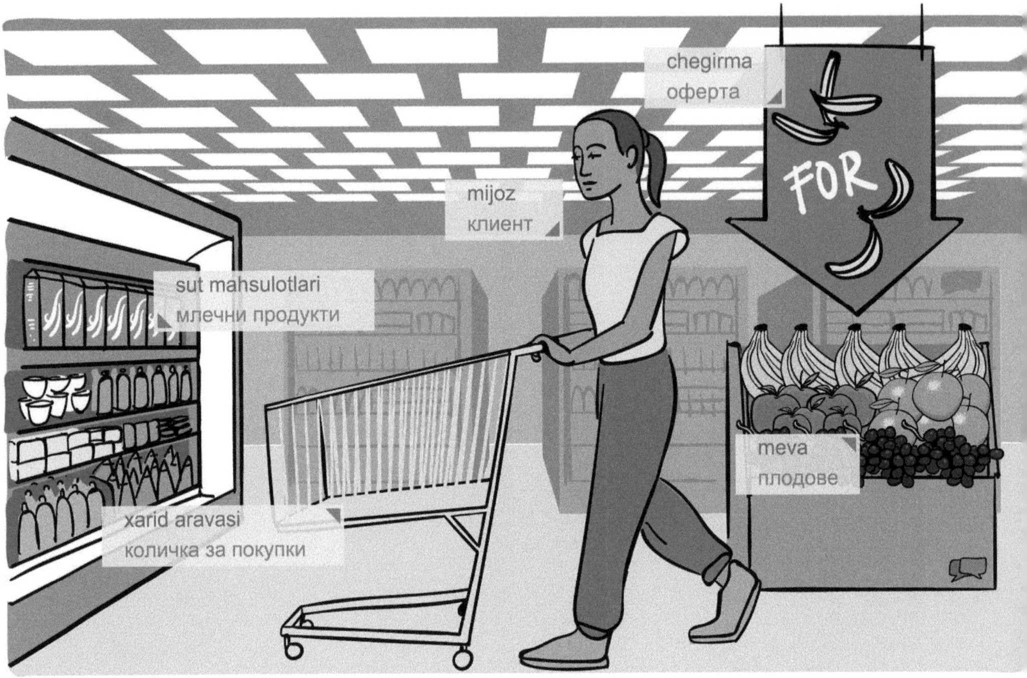

chegirma
оферта
FOR
mijoz
клиент
sut mahsulotlari
млечни продукти
meva
плодове
xarid aravasi
количка за покупки

BUTCHERS

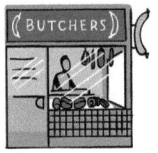

qassobxona

кланица

BAKERY

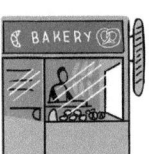

nonvoyxona

хлебарница

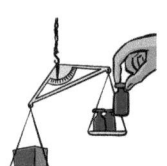

tarozida o'lchamoq

тегля

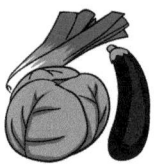

sabzavot

зеленчуци

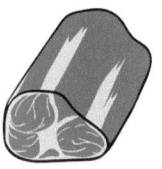

go'sht

месо

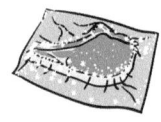

muzlatilgan taomlar

дълбоко замразена храна

yaxna goʻsht

нарязан колбас или сирене

konserva

консерви

kir yuvish vositasi

перилен препарат

shirinliklar

лакомства

kundalik isteʼmol taomlari

домакински изделия

yuvish vositalari

почистващи препарати

sotuvchi

продавачка

kassa

каса

kassachi

касиер

xarid roʻyxati

списък на покупките

ish vaqti

работно време

hamyon

портфейл

omonat karta

кредитна карта

xalta

чанта

tsellofan xalta

пластмасова торба

supermarket - супермаркет

ichimliklar
напитки

suv
вода

sharbat
сок

sut
мляко

koka-kola
кола

vino
вино

pivo
бира

spirtli ichimlik
алкохол

kakao
какао

choy
чай

kofe
кафе машина

espresso
еспресо

kapuchino
капучино

taom
ядене

banan
банан

olmaxon
ябълка

apelsin
портокал

qovun
пъпеш

limon
лимон

sabzi
морков

sarimsoq
чесън

bambuk
бамбук

piyoz
лук

qo'ziqorin
гъба

yong'oq
ядки

lag'mon
макарони

spagetti — спагети

guruch — ориз

salat — салата

kartoshka-fri — пържени картофи

qovurilgan kartoshka — печени картофи

pitstsa — пица

gamburger — хамбургер

sendvich — сандвич

to'qmoqlangan to'sh qiymasi — шницел

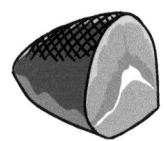

dudlangan cho'chqa go'shti — шунка

salyami kolbasasi — траен колбас

sosiska — салам

tovuq go'shti — пиле

qovurilgan — печено

baliq — риба

taom - ядене

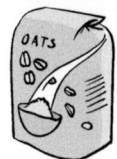
suli bo'tqasi
овесени ядки

myusli
мюсли

makkajo'xori yormasi
корнфлейкс

un
брашно

frantsuz bulochkasi
кроасан

bulochka
хлебчета

non
хляб

qizartirilgan non burdasi
препечена филийка

pishiriq
бисквити

sariyog'
масло

tvorog
извара

pirog
сладкиш

tuxum
яйце

qovurilgan tuxum
яйца на очи

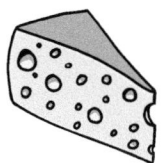
pishloq
сирене

taom - ядене

muzqaymoq	shakar	asal
сладолед	захар	мед

murabbo	shokolad pastasi	zarchava
мармалад	нуга крем	къри

taom - ядене

chorvachilik xo'jaligi
селски двор

dehqon uyi / селска къща
pichanxona / плевня
poxol tuguni / бала сено
dala / поле
ot / кон
tirkama / ремарке
qulun / конче
traktor / трактор
eshak / магаре
qo'zi / агне
qo'y / овца

echki
коза

sigir
крава

buzoq
теле

cho'chqa
свиня

cho'chqa bolasi
прасенце

buqa
бик

g'oz
гъска

o'rdak
патица

jo'ja
пиленце

tovuq
кокошка

xo'roz
петел

kalamush
плъх

mushuk
котка

sichqon
мишка

ho'kiz
вол

it
куче

katalak
кучешка колиба

hovli bog' shlangi
градински маркуч

gulchelak
лейка

belo'roq
коса

temir omoch
плуг

chorvachilik xo'jaligi - селски двор

qo'loʻroq

сърп

chopqi

мотика

panshaxa

вила за тор

bolta

брадва

gʻaltakarava

ръчна количка

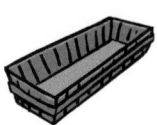

oxur

корито

sut bidoni

съд за мляко

toʻrva

чувал

panjara

ограда

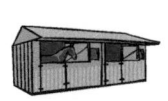

ogʻilxona

обор

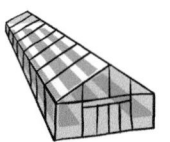

issiqxona

парник

tuproq

земя

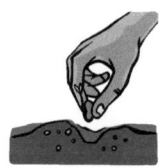

urugʻ

сеитба

oʻgʻit

тор

kombayn

комбайн

chorvachilik xoʻjaligi - селски двор

hosil olmoq
жъна

yig'im-terim
реколта

yams
ямс

bug'doy
жито

soya
соя

kartoshka
картоф

makkajo'xori
царевица

raps urug'i
рапица

mevali daraxt
овощно дърво

maniok
маниока

yorma
зърнени храни

uy
къща

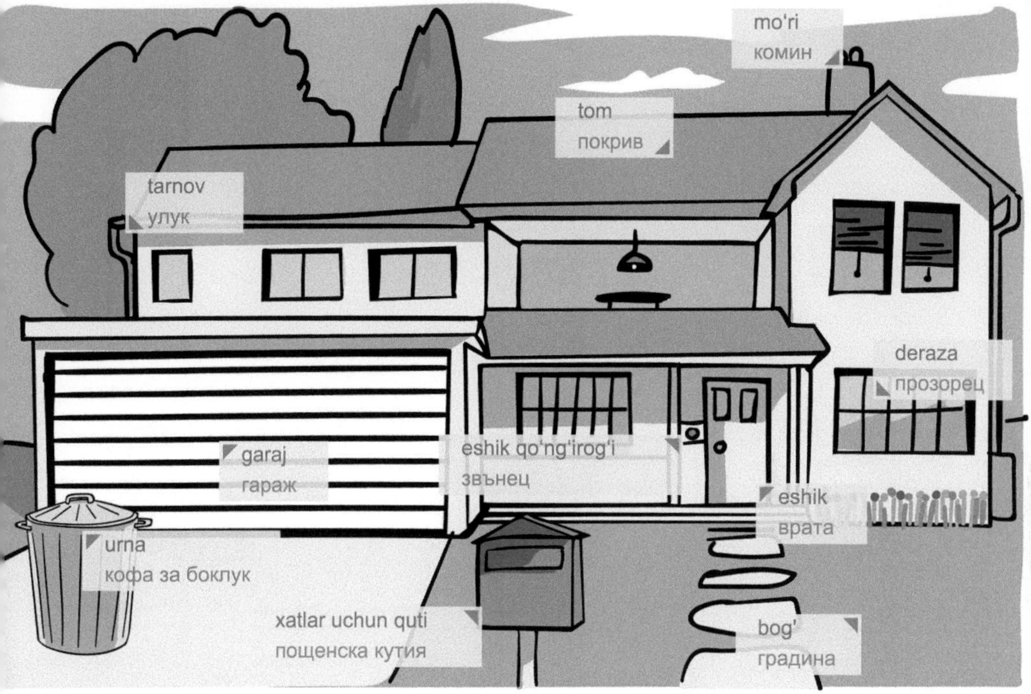

mo'ri
комин

tom
покрив

tarnov
улук

deraza
прозорец

garaj
гараж

eshik qo'ng'irog'i
звънец

eshik
врата

urna
кофа за боклук

xatlar uchun quti
пощенска кутия

bog'
градина

mehmonxona
всекидневна

vannaxona
баня

oshxona
кухня

yotoqxona
спалня

bolalar xonasi
детска стая

oshxona
трапезария

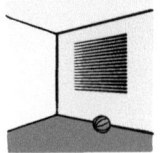

pol
под

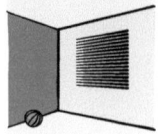

devor
стена

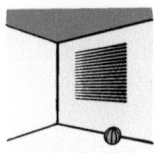

ship
таван

podval
изба

sauna
сауна

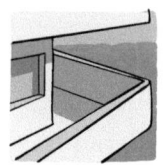

balkon
балкон

ayvon
тераса

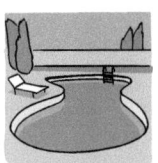

basseyn
плувен басейн

o't o'rgich mashina
косачка

ko'rpajild
спално бельо

choyshab
покривка за легло

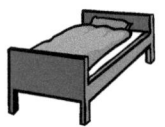

krovat
легло

supurgi
метла

paqir
кофа

murvat
електрически ключ

uy - къща

mehmonxona
всекидневна

- surat / картина
- gulqog'oz / тапет
- chiroq / лампа
- tokcha / рафт
- javon / шкаф
- o'chog' / камина
- televizor / телевизор
- gul / цвете
- yostiq / възглавница
- guldon / ваза
- divan / канапе
- masofadan boshqarish pulti / дистанционно управление

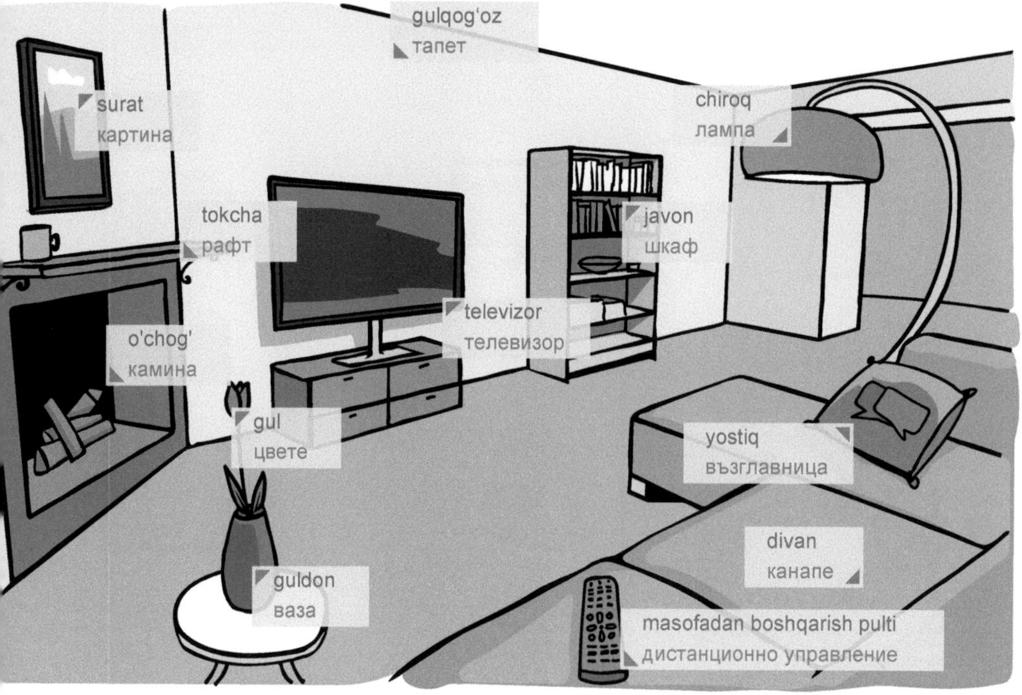

gilam
килим

parda
завеса

stol
маса

stul
стол

tebranma kursi
люлеещ се стол

kreslo
кресло

mehmonxona - всекидневна

kitob
книга

ko'rpa
одеяло

hasham
декорация

o'tin
дърва за отопление

kino
филм

stereo qurilma
стерео уредба

kalit
ключ

gazeta
вестник

rasm
живопис

plakat
постер

radio
радио

yon daftar
бележник

chang yutgich
прахосмукачка

kaktus
кактус

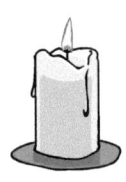
sham
свещ

mehmonxona - всекидневна

oshxona
кухня

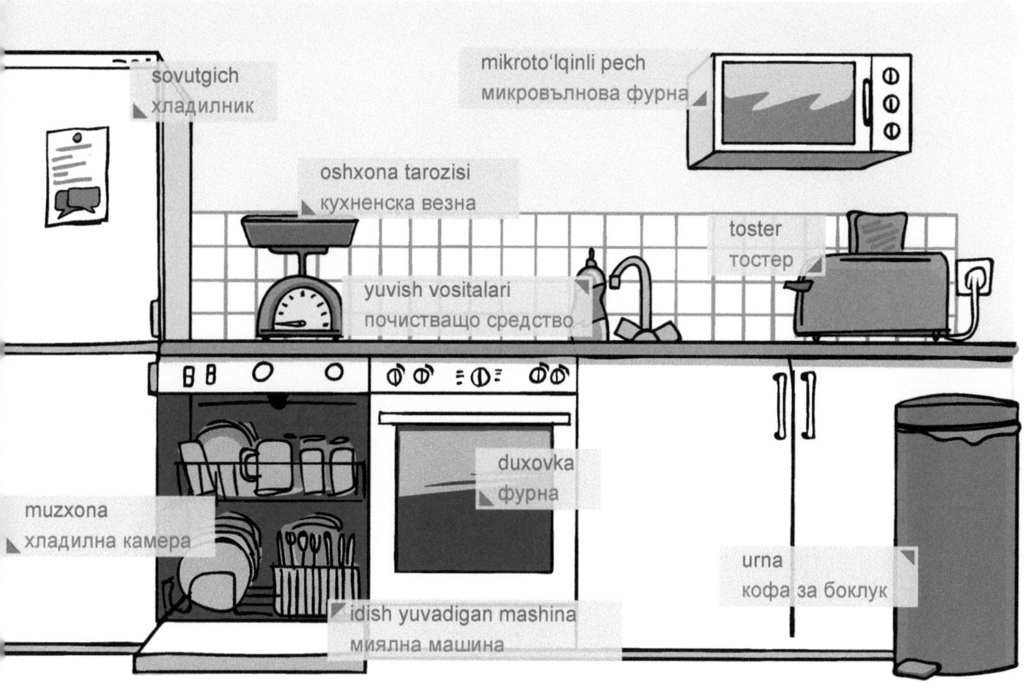

- sovutgich — хладилник
- mikroto'lqinli pech — микровълнова фурна
- oshxona tarozisi — кухненска везна
- toster — тостер
- yuvish vositalari — почистващо средство
- muzxona — хладилна камера
- duxovka — фурна
- urna — кофа за боклук
- idish yuvadigan mashina — миялна машина

plita
готварска печка

kastryul
тенджера

cho'yan qozon
желязна тенджера

bo'rtma tubli tova
уок / кадаи

tova
тиган

chovgun
кана за затопляне на вода

oshxona - кухня

mantiqasqon

уред за готвене на пара

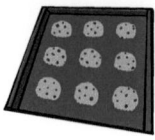

tunuka tova

тава за печене

chinni idish

съдове

krushka

чаша

kosa

купа

taom yeyish tayoqchalari

клечки за хранене

choʻmich

черпак

kurakcha

лопатка за тиган

koʻpirtirgich

тел за разбиване (на яйца, белтъци)

chovli

кошница за варене

elak

гевгир

qirgʻich

ренде

hovoncha

хаван

gril

барбекю

olov

огнище

oshxona - кухня

oshtaxta
дъска

juva
точилка

parmasimon tiqin ochgich
тирбушон

konserva
кутия

konserva ochgich
отварачка за консерви

tutgich
кухненска ръкохватка

unitaz
мивка

idish cho'tka
четка

qozonsochiq
гъба

qorishtirgich
миксер

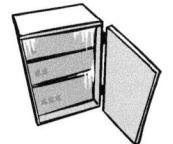
muzlatgich
фризер

so'rg'ichli chaqaloq butilkasi
бебешко шише

kran
воден кран

oshxona - кухня

vannaxona
баня

hojatxona	polga oʻrnatiladigan unitaz	tahoratdon
тоалетна	клекало	биде
siydik unitazi	hojatxona qogʻozi	hojatxona choʻtkasi
писоар	тоалетна хартия	четка за тоалетна

tish cho'tka
четка за зъби

tish pastasi
паста за зъби

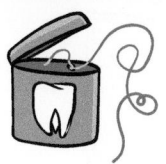

tish tozalagich ip
конец за зъби

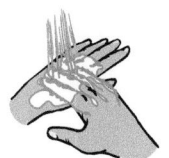

yuvmoq
мия

dastakli dush
ръчен душ

tahorat uchun dush
интимен душ

tog'ora
леген

yelka qashlaydigan cho'tka
четка за гръб

sovun
сапун

dush uchun gel
душ гел

shampun
шампоан за вана

mochalka
гъба за баня

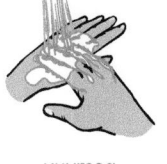

quvur
сифон

krem
крем

dezodorant
дезодорант

vannaxona - баня

ku'zgu

огледало

qo'l ku'zgusi

козметично огледало

ustara

ръчна самобръсначка

ustara uchun ko'pik

пяна за бръснене

salqinlantiruvchi balzam

одеколон за след бръснене

taroq

гребен

cho'tka

четка

fen

сешоар

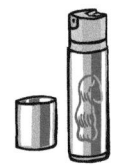

soch uchun lak

спрей за коса

pardoz-andoz

грим

lab uchun pomada

червило

tirnoq laki

лак за нокти

paxta

памук

tirnoq qaychisi

ножица за нокти

atir

парфюм

vannaxona - баня

pardoz-andoz xaltasi
тоалетна чантичка

kursi
табуретка

tarozi
везна

cho'milish xalati
хавлия

rezina qo'lqop
домакински ръкавици

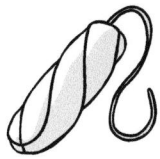
tampon
тампон

gigiyenik taglik
дамски превръзки

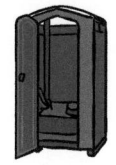
biohojatxona
химическа тоалетна

vannaxona - баня

bolalar xonasi
детска стая

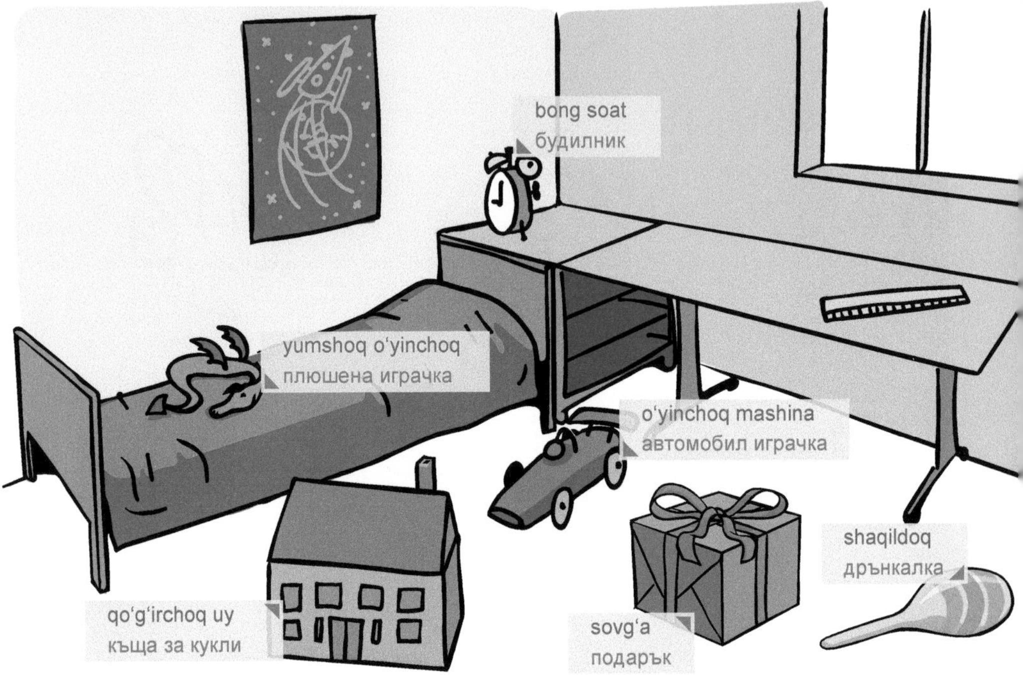

bong soat
будилник
yumshoq o‘yinchoq
плюшена играчка
o‘yinchoq mashina
автомобил играчка
shaqildoq
дрънкалка
qo‘g‘irchoq uy
къща за кукли
sovg‘a
подарък

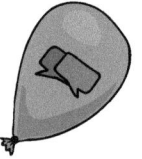

shar

балон

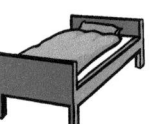

krovat

легло

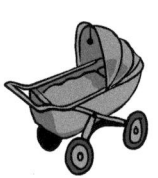

bolalar aravachasi

детска количка

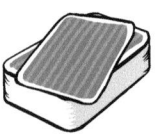

karta to‘plami

игра на карти

terma tasvir

пъзел

SUPER MEGA

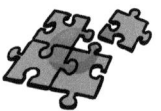

kulgili sahna asari

комикс

lego g'ishtlari

лего елементи

o'yinchoq kubiklar

строителни елементи

o'yinchoq qahramon

екшън фигурка

polzunka

бебешки гащеризон

uchar likopcha

фрисби

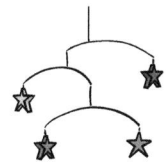

osma shaqildoq

бебешки играчки за легло

stol o'yini

настолна игра

oshiq

зарче

poyezd maketi

миниатюрно влакче

so'rg'ich

биберон

o'tirish

парти

rasmli kitob

детска книга с илюстрации

koptok

топка

qo'g'irchoq

кукла

o'ynamoq

играя

bolalar xonasi - детска стая

qumdon
пясъчник

arg'imchoq
люлка

o'yinchoqlar
играчка

o'yin pristavkasi
игрова конзола

uch g'ildirakli velosiped
велосипед с три колелета

baxmal ayiq
плюшено мече

kiyim shkafi
гардероб

kiyim
облекло

paypoq
къси чорапи

chulki
дълги чорапи

kolgotka
чорапогащник

bodi
боди

ishton
панталон

jinsi
дънки

yubka
пола

kofta
блуза

ko'ylak
риза

jemper
пуловер

uzun chakmon
суичър

sport bichimidagi pidjak
блейзър

kurtka
яке

palto
палто

plash
дъждобран

libos
костюм

ko'ylak
рокля

kelin ko'ylak
булчинска рокля

kiyim - облекло

kostyum shim
костюм

tungi ko'ylak
нощница

pijama
пижама

sari
сари

sholro'mol
кърпа за глава

salla
тюрбан

paranji
бурка

chakmon
кафтан

abaya
абая

cho'milish kostyumi
бански костюм

tursik
плувни шорти

shortik
къс панталон

sport kostyumi
анцуг

fartuk
престилка

qo'lqop
ръкавици

kiyim - облекло

tugma
копче

ko'zoynak
очила

bilaguzuk
гривна

munchoq
верижка

uzuk
пръстен

sirg'a
обеца

kepka
каскет

palto ilgak
закачалка

shlyapa
шапка

bo'yinbog'
вратовръзка

zamok
цип

dubulg'a
каска

shim tortgich
тиранти

maktab formasi
ученическа униформа

forma
униформа

oshxo'rak

лигавник

so'rg'ich

биберон

taglik

пелена

idora
офис

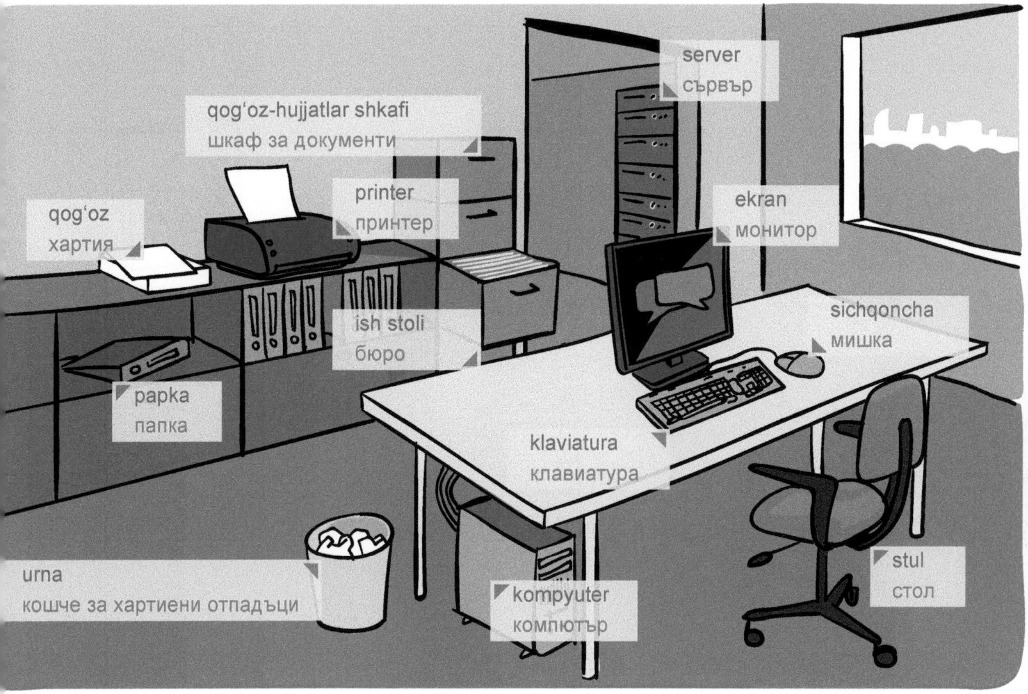

qog'oz-hujjatlar shkafi
шкаф за документи

server
сървър

qog'oz
хартия

printer
принтер

ekran
монитор

ish stoli
бюро

sichqoncha
мишка

papka
папка

klaviatura
клавиатура

stul
стол

urna
кошче за хартиени отпадъци

kompyuter
компютър

kofe krujkasi

чаша за кафе

kalkulyator

джобен калкулатор

internet

интернет

noutbuk

лаптоп

xat

писмо

maktub

съобщение

uyali telefon

мобилен телефон

tarmoq

мрежа

nusxa ko'chirgich

ксерокс

dastur

софтуер

telefon

телефон

rozetka

контакт

faks

факс

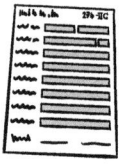

shakllar

формуляр

hujjat

документ

iqtisod
икономика

xarid qilmoq

купувам

to'lamoq

плащам

savdolashmoq

търгувам

pul

пари

dollar

долар

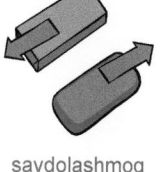

yevro

евро

yyen

йена

rubl

рубла

shvetsar franki

швейцарски франк

Jenminbi xitoy yuani

ренминби юан

rupi

рупия

bankomat

банкомат

pul ayirboshlash shahobchasi

обменно бюро

oltin

злато

kumush

сребро

neft

нефт

energiya

енергия

narx

цена

shartnoma

договор

soliq

данък

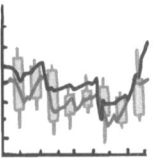

aktsiya

акция

ishlamoq

работя

ishchi

служител

ish beruvchi

работодател

zavod

фабрика

do'kon

магазин за цветя

iqtisod - икономика

kasblar
професии

politsiyachi
полицай

o't o'chiruvchi
пожарникар

oshpaz
готвач

shifokor
лекар

uchuvchi
пилот

bog'bon

градинар

duradgor

мебелист

tikuvchi

шивачка

hakam

съдия

kimyogar

химик

aktyor

артист

avtobus haydovchi
шофьор на автобус

taksi haydovchisi
шофьор на такси

baliq ovlovchi
рибар

farrosh
чистачка

tom ustasi
майстор на покриви

ofitsiant
келнер

ovchi
ловец

bo'yoqchi
художник

nonvoyxona
хлебар

elektr ustasi
електротехник

quruvchi
строителен работник

muhandis
инженер

qassob
касапин

suvchi chilangar
тенекеджия

pochtachi
пощальон

kasblar - професии

askar
войник

me'mor
архитект

kassachi
касиер

gulchi
цветар

sartarosh
фризьор

chiptachi
кондуктор

mexanik
механик

kapitan
капитан

tish shifokori
зъболекар

olim
научен работник

yaxudiylar ruhoniysi
равин

imom
имàм

rohib
монах

ruhiniy
свещеник

asboblar
инструменти

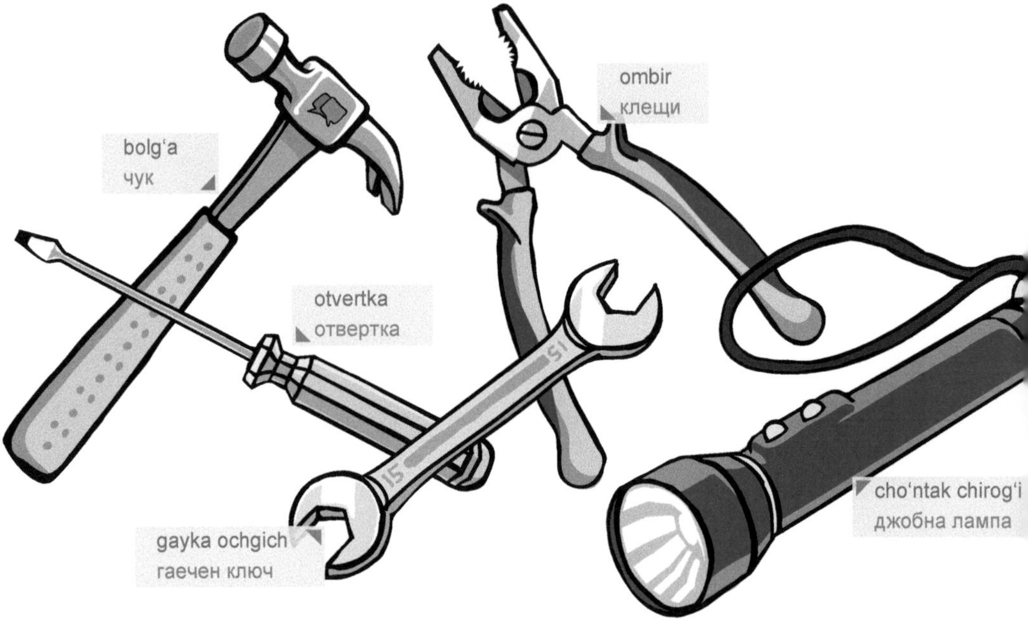

bolg'a / чук

ombir / клещи

otvertka / отвертка

cho'ntak chirog'i / джобна лампа

gayka ochgich / гаечен ключ

ekskavator
багер

asboblar qutisi
кутия за инструменти

narvon
стълба

qo'larra
трион

mix
пирони

parmadasta
бормашина

asboblar - инструменти

tuzatmoq
ремонтирам

belkurak
лопата

Jin ursin!
По дяволите!

xokandoz
лопатка за смет

bo'yoq idish
кутия за боя

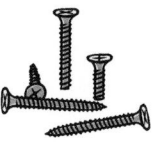

burama mix
болтове

musiqa asboblari
музикални инструменти

urib chalinadigan musiqa asboblari
ударни инструменти

radiokarnay
високоговорител

gitara
китара

kontrabas
контрабас

surnay
тромпет

musiqa asboblari - музикални инструменти

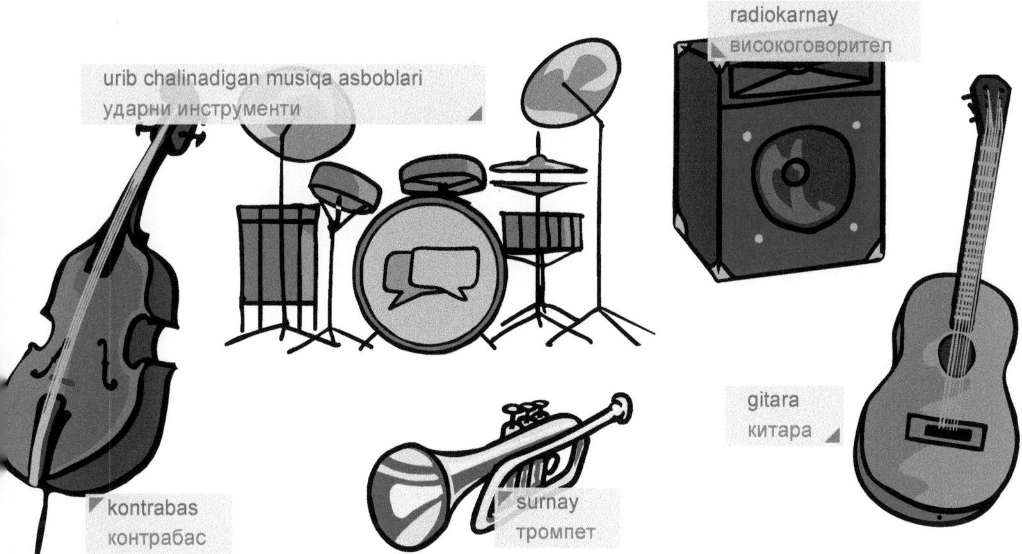

pianino

пиано

g'ijjak

виолина

bas-gitara

контрабас

qo'shnog'ora

тимпан

do'mbira

барабан

klaviatura

електрическо пиано

saksofon

саксофон

nay

флейта

mikrofon

микрофон

hayvonot bog'i
зоологическа градина

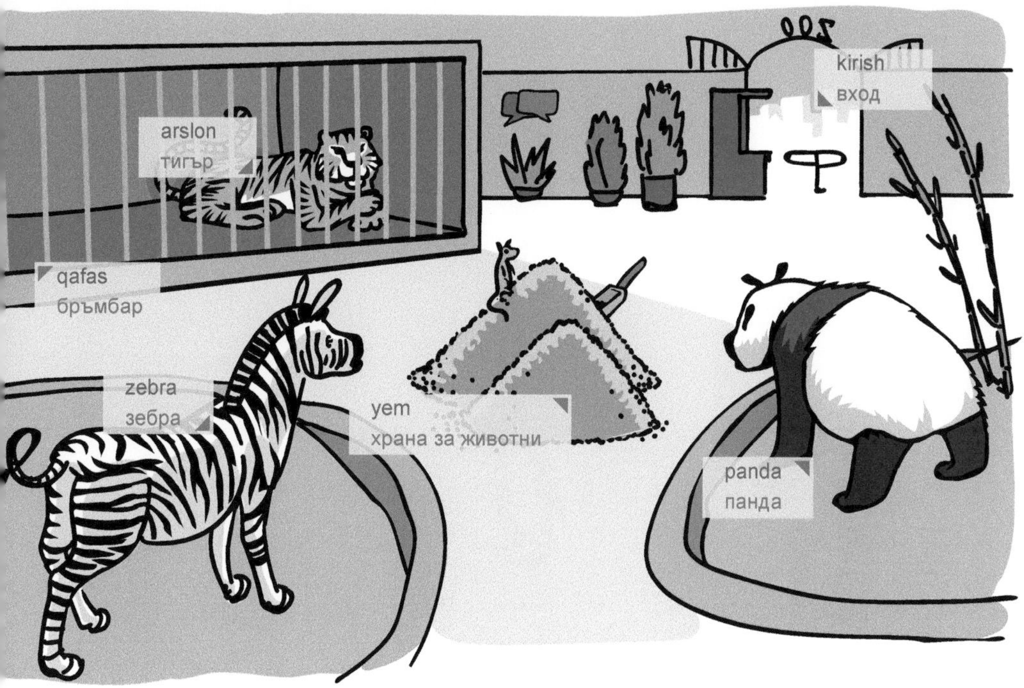

- arslon / тигър
- qafas / бръмбар
- zebra / зебра
- yem / храна за животни
- kirish / вход
- panda / панда

hayvonlar
животни

fil
слон

kenguru
кенгуру

karkidon
носорог

gorilla
горила

ayiq
мечка

tuya

камила

tuyaqush

щраус

sher

лъв

maymun

маймуна

qizil g'oz

фламинго

to'ti

папагал

oq ayiq

бяла мечка

pingvin

пингвин

akula

акула

tovus

паун

ilon

змия

timsoh

крокодил

hayvonot bog'i qorovuli

пазач в зоологическа градина

tyulen

тюлен

yaguar

ягуар

hayvonot bog'i - зоологическа градина

to'pichoq ot
пони

qoplon
леопард

begemot
хипопотам

jirafa
жираф

burgut
орел

erkak cho'chqa
диво прасе

baliq
риба

toshbaqa
костенурка

morj
морж

tulki
лисица

ohu
газела

hayvonot bog'i - зоологическа градина

sport o'yinlari
спорт

mashg'ulot
дейности

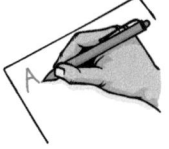		
yozmoq пиша	chizmoq рисувам	ko'rsatmoq показвам
	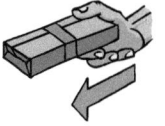	
itarmoq бутам	bermoq давам	olmoq взимам

ega bo'lmoq
имам

bajarmoq
правя

bo'lmoq
съм

turmoq
стоя

yugurmoq
тичам

tortmoq
дърпам

uloqtirmoq
хвърлям

yiqilmoq
падам

aldamoq
лежа

kutmoq
чакам

tashimoq
нося

o'tirmoq
седя

kiyinmoq
обличам

uxlamoq
спя

uyg'onmoq
събуждам се

mashg'ulot - дейности

qaramoq
разглеждам

yig'lamoq
плача

zarba bermoq
милвам

taramoq
реша се

gaplashmoq
говоря

tushunmoq
разбирам

so'ramoq
питам

tinglamoq
слушам

ichmoq
пия

yemoq
ям

yig'ishtirmoq
разтребвам

sevmoq
обичам

pishirmoq
готвя

haydamoq
карам автомобил

uchmoq
летя

mashg'ulot - дейности

kemada suzmoq

плавам (с платна)

sanamoq

смятане

o'qimoq

чета

o'rganmoq

уча

ishlamoq

работя

turmush qurmoq

женя се

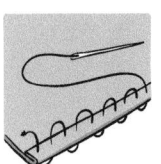

tikmoq

шия

tish yuvmoq

измивам си зъбите

o'ldirmoq

убивам

chekmoq

пуша

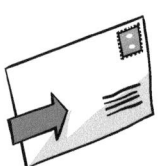

yo'llamoq

изпращам

mashg'ulot - дейности

oila
семейство

mehmon	amma	tog'a
посетител	леля	чичо

aka	opa
брат	сестра

tana
тяло

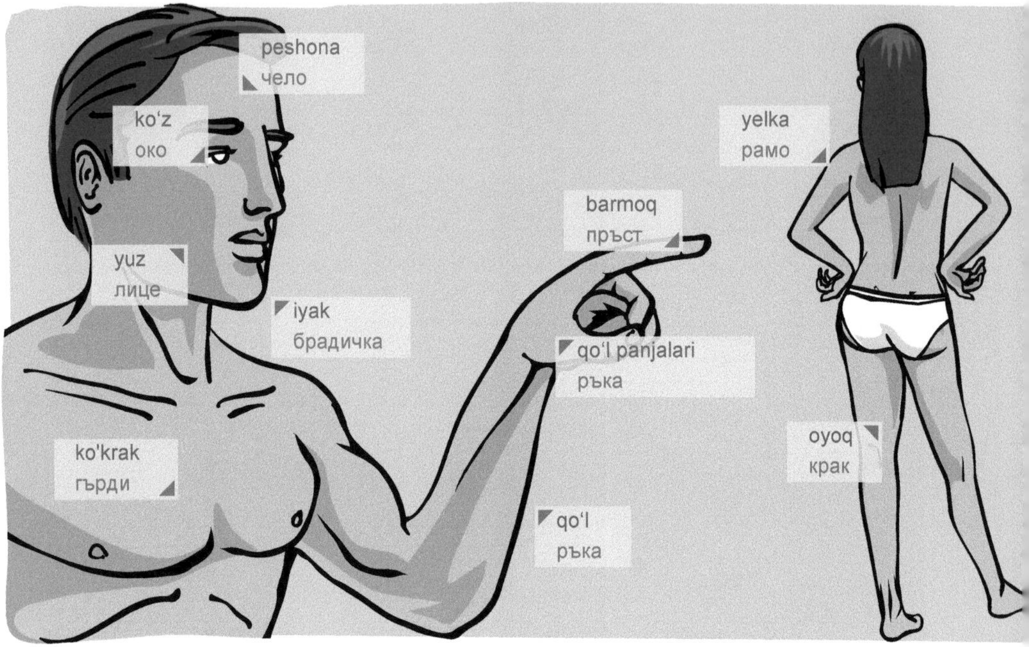

peshona
чело

koʻz
око

yelka
рамо

barmoq
пръст

yuz
лице

iyak
брадичка

qoʻl panjalari
ръка

koʻkrak
гърди

oyoq
крак

qoʻl
ръка

chaqaloq

бебе

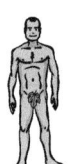

odam

мъж

ayol

жена

qiz bola

момиче

oʻgʻil bola

момче

bosh

глава

tana - тяло

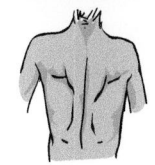

orqa
гръб

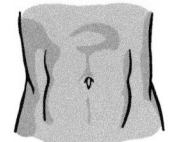

qorin
корем

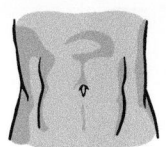

kindik
пъп

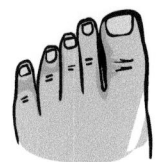

oyoq barmoqlari
пръст на крака

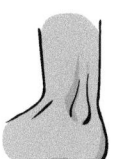

tovon
пета

suyak
кост

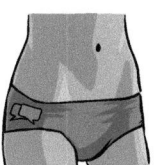

bel
хълбок

tizza
коляно

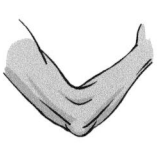

tirsak
лакът

burun
нос

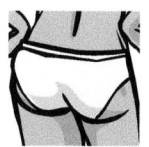

dumba
седалище

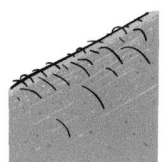

teri
кожа

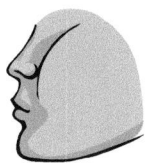

yanoq
буза

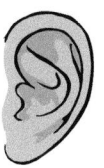

quloq
ухо

lab
устна

tana - тяло

og'iz
уста

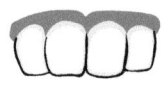

tish
зъб

til
език

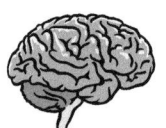

miya
мозък

yurak
сърце

mushak
мускул

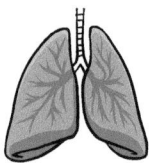

o'pka
бял дроб

jigar
черен дроб

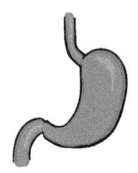

oshqozon
стомах

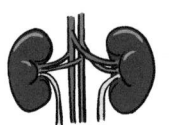

buyrak
бъбреци

jinsiy aloqa
полово сношение

prezervativ
кондом

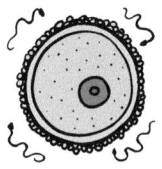

tuxum ho'jayra
яйцеклетка

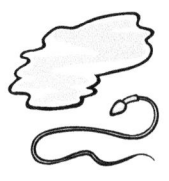

urug'
сперма

homiladorlik
бременност

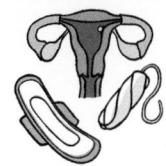
hayz
менструация

bachadon
вагина

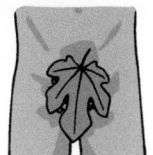
olat
пенис

qosh
вежда

soch
коса

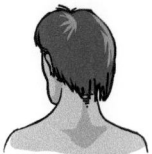
bo'yin
шия

tana - тяло

shifoxona
болница

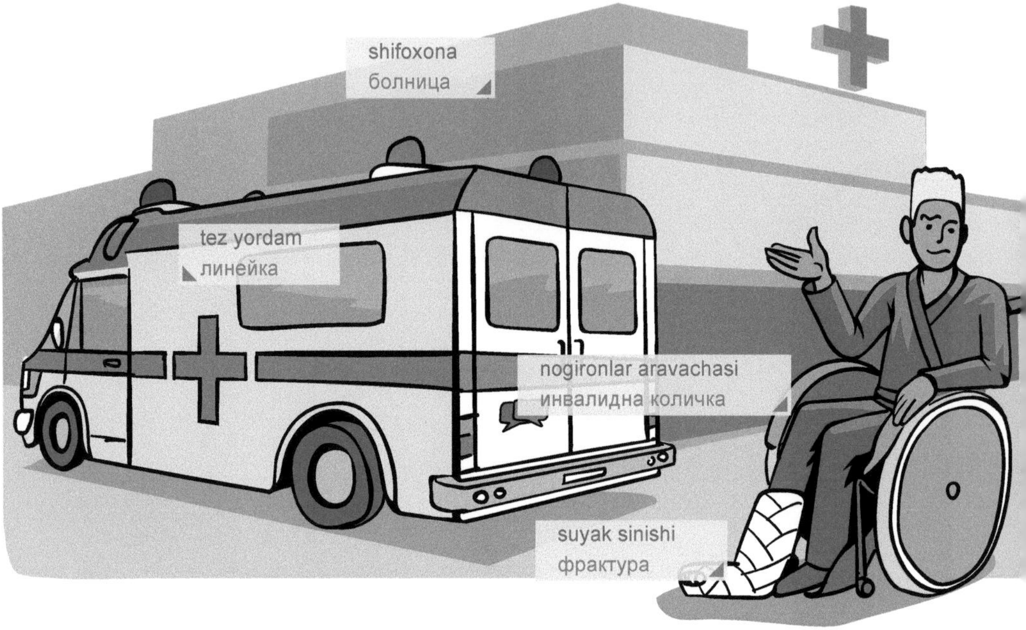

shifoxona
болница

tez yordam
линейка

nogironlar aravachasi
инвалидна количка

suyak sinishi
фрактура

shifokor

лекар

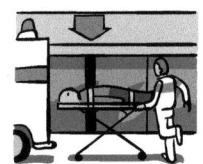

Shoshilich tibbiy yordam ko'rsatish bo'limi

спешна хоспитализация

hamshira

медицинска сестра

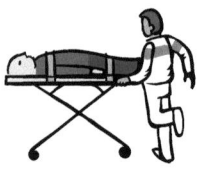

tez yordam

спешен случай

hushsizlik

в безсъзнание

og'riq

болка

jarohat
нараняване

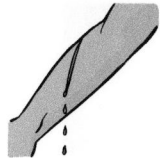
qonash
кървене

yurak xuruji
инфаркт

insult
инсулт

allergiya
алергия

yo'tal
кашлица

isitma
температура

tumov
грип

ichburug'
диария

bosh og'rig'i
главоболие

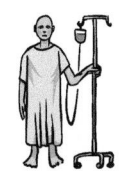
saraton kasalligi
рак

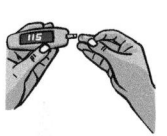
qandli diabet
диабет

jarroh
хирург

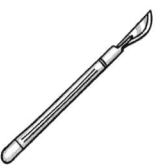
jarroh pichog'i
скалпел

jarrohlik amaliyoti
операция

shifoxona - болница

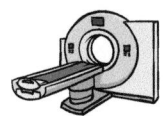

tomografiya

компютърна томография

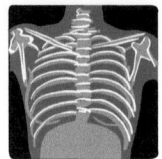

rentgen

рентген

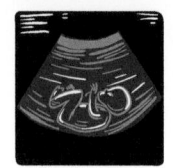

ultratovush tekshiruvi

ултразвук

yuz niqobi

маска

kasallik

болест

qabulxona

чакалня

qoʻltiqtayoq

патерица

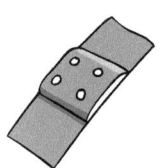

malhamli plastir

пластир

bint

превръзка

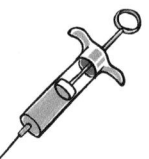

ukol

инжекция

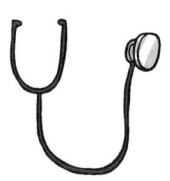

yurak urushini va oʻpkani eshitib koʻradigan asbob

стетоскоп

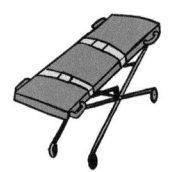

bemorlar uchun zambil

носилка

termometr

термометър

tugʻruq

раждане

semizlik

наднормено тегло

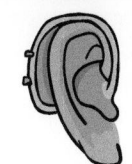

eshitish moslamasi
....
слухов апарат

dezinfektsiyalovchi vosita
....
дезинфекционно средство

infektsiya
....
инфекция

virus
....
вирус

OIV / OITS
....
HIV / AIDS

dori
....
медицина

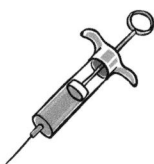

emlash
....
ваксинация

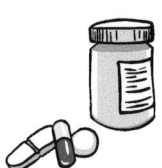

tabletka
....
таблети

dori
....
противозачатъчна таблетка

tez yordam qo'ng'irog'i
....
спешно телефонно обаждане

qon bosimini o'lchash asbobi
....
апарат за измерване на кръвното налягане

kasal / sog'lom
....
болен / здрав

shifoxona - болница

tez yordam
спешен случай

Yordamga!
Помощ!

xavf-xatar ishorasi
сигнал за тревога

tajovuz
нападение

hujum
атака

xavf
опасност

favqulodda holatlarda chiqish eshigi
авариен изход

Yong'in
Пожар!

o't o'chirgich
пожарогасител

falokat
злополука

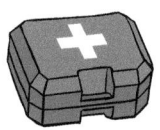
birinchi tibbiy yordam to'plami
комплект за оказване на първа помощ

falokat signali
SOS

politsiya
полиция

yer
Земя

Yevropa

Европа

Shimoliy Amerika

Северна Америка

Janubiy Amerika

Южна Америка

Afrika

Африка

Osiyo

Азия

Avstraliya

Австралия

Anlantika okeani

Атлантически океан

Tinch okeani

Тихи океан

Hind okeani

Индийски океан

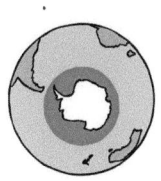

Antarktida okeani

Южен ледовит океан

Arktika okeani

Северен ледовит океан

Shimoliy qutb

Северен полюс

Janubiy qutb

Южен полюс

Antarktika

Антарктида

yer

Земя

o'lka

суша

dengiz

море

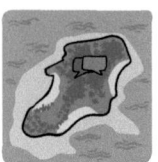

orol

остров

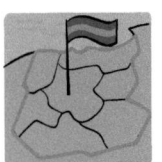

millat

нация

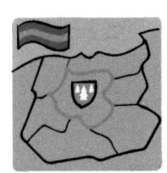

davlat

държава

soat
часовник

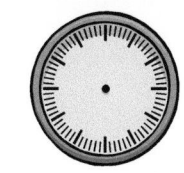
astronomik vaqt ko'rsatgichi
циферблат

soat mili
стрелка на часовете

daqiqa mili
стрелка на минутите

lahza mili
стрелка на секундите

Soat necha?
Колко е часът?

kun
ден

vaqt
време

hozir
сега

raqamli soat
дигитален часовник

daqiqa
минута

soat
час

xafta
седмица

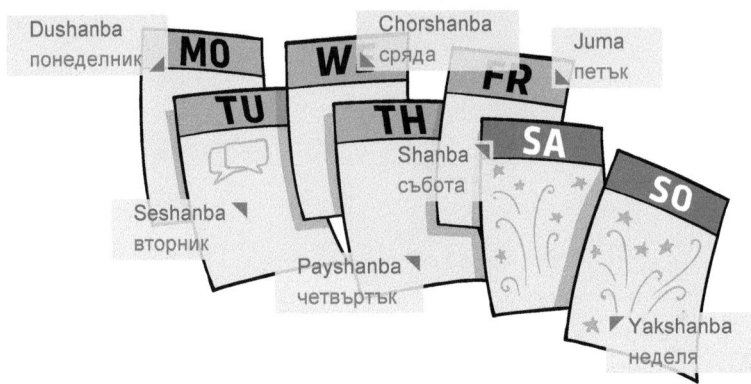

Dushanba — понеделник
Seshanba — вторник
Chorshanba — сряда
Payshanba — четвъртък
Juma — петък
Shanba — събота
Yakshanba — неделя

kecha
вчера

bugun
днес

ertaga
утре

ertalab
сутрин

peshin
обед

kechqurun
вечер

ish kunlari
работни дни

dam olish kunlari
уикенд

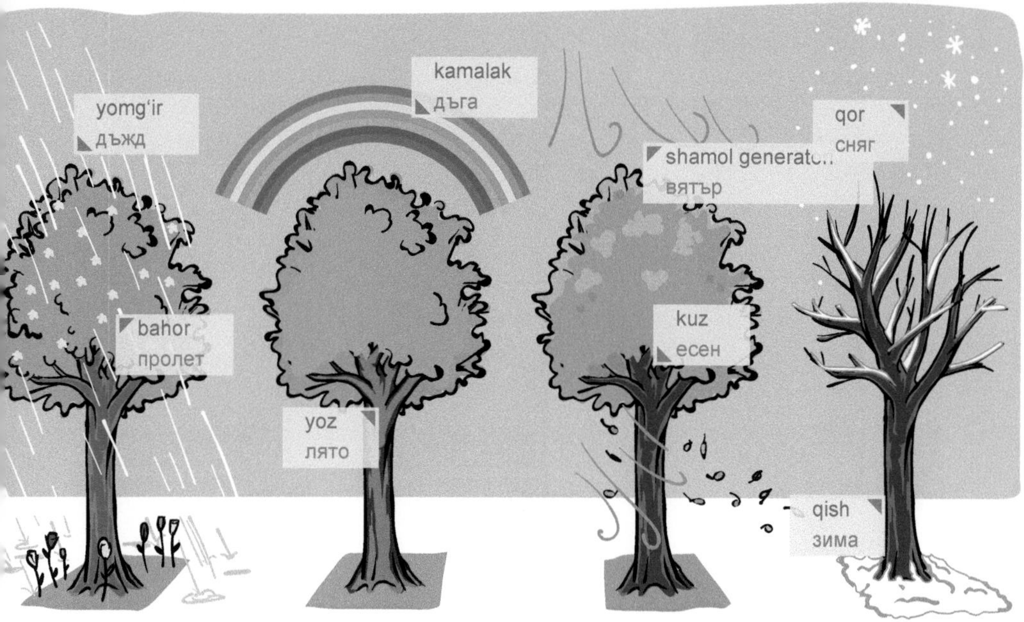

yil
година

yomg'ir / дъжд
kamalak / дъга
qor / сняг
shamol generatori / вятър
bahor / пролет
yoz / лято
kuz / есен
qish / зима

ob-havo ma'lumoti
прогноза за времето

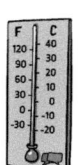

termometr
термометър

quyoshli
слънчева светлина

bulut
облак

tuman
мъгла

namgarchilik
влажност на въздуха

chaqmoq
светкавица

momoqaldiroq
гръмотевица

bo'ron
буря

do'l
градушка

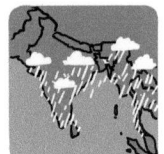

namgarchilik mavsumi
мусон

toshqin
наводнение

muz
лед

Yanvar
януари

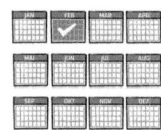

Fevral
февруари

Mart
март

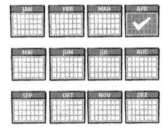

Aprel
април

May
май

Iyun
юни

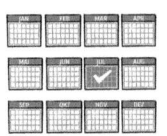

Iyul
юли

Avgust
август

yil - година

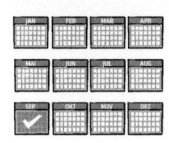

Sentyabr

септември

Oktyabr

октомври

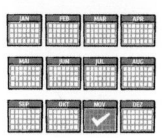

Noyabr

ноември

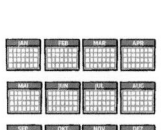

Dekabr

декември

shakllar
форми

aylana

кръг

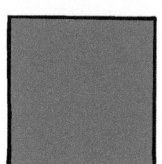

kvadrat

квадрат

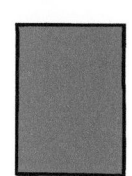

to'rtburchak

четириъгълник

uchburchak

триъгълник

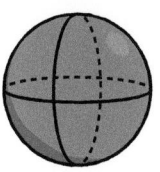

doira

сфера

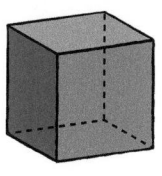

kub

куб

ranglar
цветове

oq
бял

sariq
жълт

sabzi rang
оранжев

pushti
розов

qizil
червен

to'q qizil
лилав

ko'k
син

yashil
зелен

jigar rang
кафяв

kul rang
сив

qora
черен

qarama-qarshi ma'noli so'zlar
противоположности

koʻp / oz
много / малко

gʻazabli / xotirjam
ядосан / спокоен

goʻzal / xunuk
красив / грозен

boshi / oxiri
начало / край

katta / kichik
голям / малък

yorugʻ / qorongʻu
светъл / тъмен

aka / singil
брат / сестра

toza / iflos
чист / мръсен

toʻliq / chala
пълен / непълен

kun / tun
ден / нощ

oʻlik / tirik
мъртъв / жив

keng / tor
широк / тесен

yesa bo'ladigan / yesa bo'lmaydigan

ядлив / неядлив

yovuz / xayrli

сърдит / любезен

hayajonli / zerikarli

развълнуван / скучаещ

semik / oriq

дебел / тънък

birinchi / oxirgi

най-напред / най-накрая

do'st / dushman

приятел / враг

to'la / bo'sh

пълен / празен

qattiq / yumshoq

твърд / мек

og'ir / yengil

тежък / лек

ochlik / chanqov

глад / жажда

kasal / sog'lom

болен / здрав

noqonuniy / qonuniy

нелегален / легален

ziyoli / kaltafahm

интелигентен / глупав

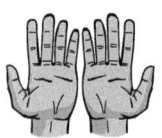

chap / o'ng

ляво / дясно

yaqin / uzoq

близо / далече

qarama-qarshi ma'noli so'zlar - противоположности

yangi / ishlatilgan
нов / употребяван

hech narsa / bir narsa
нищо / нещо

qari / yosh
стар / млад

yoniq / o'chiq
вкл. / изкл.

ochiq / yopiq
отворен / затворен

past / baland
тих / силен (звук)

boy / kambag'al
богат / беден

to'g'ri / noto'g'ri
правилен / погрешен

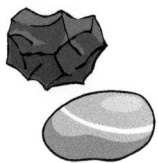
notekis / tekis
грапав / гладък

xafa / xursand
тъжен / щастлив

qisqa / uzun
дълъг / къс

sekin / tez
бавен / бърз

nam / quruq
мокър / сух

iliq / salqin
топъл / студен

urush / tinchlik
война / мир

raqamlar
числа

0 — nol — нула

1 — bir — едно

2 — ikki — две

3 — uch — три

4 — to'rt — четири

5 — besh — пет

6 — olti — шест

7 — yetti — седем

8 — sakkiz — осем

9 — to'qqiz — девет

10 — o'n — десет

11 — o'n bir — единадесет

12
o'n ikki
дванадесет

13
o'n uch
тринадесет

14
o'n to'rt
четиринадесет

15
o'n besh
петнадесет

16
o'n olti
шестнадесет

17
o'n yetti
седемнадесет

18
o'n sakkiz
осемнадесет

19
o'n to'qqiz
деветнадесет

20
yigirma
двадесет

100
yuz
сто

1.000
ming
хиляда

1.000.000
million
милион

raqamlar - числа

tillar
езици

Ingliz

английски

Amerikacha ingliz tili

американски английски

Xitoy tilining Mandarin lahchasi

китайски мандарин

Hind

хинди

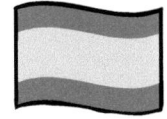

Ispan

испански

Frantsuz

френски

Arab

арабски

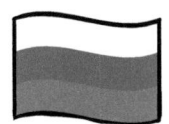

Rus

руски

Portugal

португалски

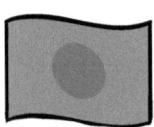

Bengal

бенгалски

Nemis

немски

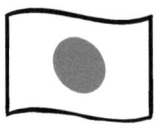

Yapon

японски

kim / nima / qanday
кой / какво / как

Men

аз

Sen

ти

u / u / u

той / тя / то

biz

ние

sizlar

вие

ular

те

kim?

кой?

nima?

какво?

qanday?

как?

qayerda?

къде?

qachon?

кога?

ism

име

qayerda
къде

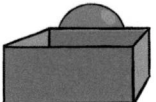

orqada
зад

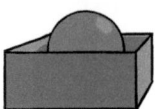

ichida
в

oldida
пред

uzra
над

ustida
върху

tagida
под

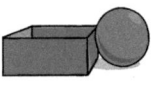

yonida
до

o'rtasida
между

joy
място